# 용선생 교과서 한국사

교과서

## 요약 노트

사회평론

# 1. 선사 시대의 생활 모습

 ## 과거 사람들이 기록해 놓은 이야기 역사

① 역사: '사실로서의 역사'와 '기록으로서의 역사'로 나뉨.

② 인류의 역사: 문자로 쓰인 기록의 유무로 **'역사 시대'**와 **'선사 시대'**로 나뉨.

③ 우리 역사는 한반도와 그 주변 지역(만주, 랴오허강 등)에서 전개되었음.

 ## 돌로 만든 도구를 사용하던 석기 시대

| | |
|---|---|
| **구석기 시대** | • 뗀석기를 사용함.<br>• 사냥과 채집으로 먹을거리를 얻음.<br>• 이동 생활을 하며 동굴이나 바위 그늘에서 생활함.<br>• 불을 사용함. |
| **신석기 시대** | • 간석기를 사용함.<br>• 농사와 목축이 시작됨.<br>• 강이나 바닷가에 움집을 짓고 정착해 생활함.<br>• 가락바퀴, 빗살무늬 토기 등을 사용함. |

# 청동으로 만든 도구를 사용하던 청동기 시대

① 청동으로 칼, 거울, 방울 등을 만들어 사용함.
② 농사를 지을 때는 돌과 나무로 만든 도구를 사용함.
③ 농업의 발달에 따라 사람들 사이에 계급이 생김.
④ 마을의 지배자인 군장이 등장해 사람들을 다스림.
⑤ 군장이 사람들을 시켜 고인돌을 세움.

돌을 이렇게
떼어 내 만든
주먹도끼!

## 시험 1분 전!

(1) 인류의 역사는 문자로 쓰인 기록의 유무로 역사 시대와 _____
로 나뉨.

(2) 구석기 시대 사람들이 이동 생활을 했다면, 신석기 시대 사람들은 _____
해 살았음.

(3) 청동기 시대에 군장이 사람들을 시켜 _____을 세움.

정답: (1)선사 시대   (2)정착   (3)고인돌

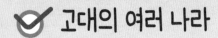 

# 2. 고조선과 여러 나라

##  고조선 건국 신화와 의미

| 신화 | 의미 |
| --- | --- |
| 환웅이 바람, 비, 구름을 다스리는 신하를 데려옴. | • 당시 사람들은 농사를 중요하게 여김.<br>• 환웅의 무리가 주변 부족보다 뛰어났음. |
| 인간이 되길 소원한 곰과 호랑이 | • 곰 부족과 호랑이 부족은 앞선 기술을 가진 환웅 부족과 함께 하고 싶어함. |
| 1,500년 동안 나라를 다스린 단군왕검 | • 단군은 하늘에 제사를 올리는 제사장, 왕검은 나라를 다스리는 지도자를 의미함.<br>• 여러 단군왕검이 차례로 고조선을 다스림. |

##  고조선의 문화와 생활

① '8조의 법'이라는 엄격한 법을 두었음.
② 개인의 재산이 있었음.
③ 신분의 차이가 있는 사회였음.

##  고조선의 발전과 멸망

① 위만이 중국의 철기 문화를 적극적으로 받아들여 나라를 발전시킴.
② 고조선이 한나라와 주변 나라들 사이의 중계 무역으로 이득을 얻음.
③ 한나라의 공격과 신하들의 분열로 고조선이 멸망함.

# 여러 나라들의 성장

| 부여 | 고구려 |
|---|---|
| • 중앙은 왕이, 다른 지역은 네 부족이 나누어 다스림.<br>• 순장의 풍습이 있음. | • 농사지을 땅이 부족해 주변 나라를 많이 공격함.<br>• 데릴사위제라는 결혼 풍습이 있음. |
| 옥저, 동예 | 삼한 |
| • 고구려에 나라의 특산물을 바침.<br>• 옥저에는 민며느리제라는 결혼 풍습이 있음. | • 한반도 중남부에 있던 수십 개의 작은 나라로 마한, 진한, 변한이라 부름.<br>• 군장과 제사장이 따로 있음. |

시험 1분 전!

(1) 고조선의 _____ 에 따르면
고조선은 개인의 재산과 신분의 차이가 있는 사회였음.

(2) 고조선의 왕이 된 _____ 은 철기 문화를 받아들여
나라를 발전시켰음.

(3) 옥저에는 _____ 라는 결혼 풍습이 있었음.

정답: (1) 8조의 법  (2) 위만  (3) 민며느리제

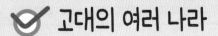
# 3. 삼국과 가야의 건국과 발전

 ## 삼국의 발전

| 백제 | • 백제가 한강을 통해 중국과 교류함. <br> • 근초고왕이 백제의 영토를 크게 넓힘(4세기). <br> • 중국, 왜 등 다른 나라와 적극적으로 교류함. |
|---|---|
| 고구려 | • 소수림왕이 율령과 불교를 받아들여 나라의 기틀을 다짐. <br> • 광개토 대왕과 장수왕이 영토를 크게 넓힘(5세기). <br> • 장수왕이 수도를 평양으로 옮김. <br> • 광개토 대왕릉비와 충주 고구려비로 고구려 전성기를 엿볼 수 있음. |
| 신라 | • 지증왕이 나라의 이름을 '신라'로 하고 '왕'이란 칭호를 사용함. <br> • 법흥왕이 율령을 반포하고 불교를 받아들임. <br> • 진흥왕이 화랑도를 정비해 인재를 키우고 한강 유역을 차지함(6세기). |

##  삼국의 신분 제도

① 삼국은 귀족, 평민, 노비로 나누어지는 신분제 사회였음.
② 신분에 따라 옷과 집의 크기 등 생활 모습이 달라졌음.
③ 신라는 골품제를 두어 오를 수 있는 관직에 한계를 둠.

##  다른 나라와 교류한 삼국

① 삼국은 중국에서 불교문화를 비롯해 많은 영향을 받음.
② 백제는 왜에 다양한 기술을 가르쳐 주며 교류함.
③ 가야는 왜에 철로 된 무기와 제작품을 많이 전해 줌.
④ 삼국은 서역과도 활발히 교류함.

왜에 가서
기술 좀 풀어 볼까?

시험 1분 전!

(1) 고구려의 _____은 율령과 불교를 받아들여 나라의 기틀을 다졌음.

(2) 신라의 _____은 화랑도를 정비하고 한강 유역을 차지했음.

(3) 신라는 신분 제도인 _____를 두어 신분에 따라 오를 수 있는
관직에 한계를 둠.

정답: (1)소수림왕  (2)진흥왕  (3)골품제

# 4. 삼국 통일과 발해의 건국

##  수나라와 당나라를 물리친 고구려

① 중국 수나라가 고구려에 쳐들어오자 을지문덕이 살수에서 크게 물리침
   (살수 대첩).
② 중국 당나라가 고구려에 쳐들어오자 고구려군이 안시성에서 크게 물리침.
⇒ 고구려가 민족의 방파제 역할을 함.

##  삼국을 통일한 신라

신라가 당나라와 동맹을 맺음 (나당 동맹). ▶ 신라군과 당나라군이 백제를 무너뜨림 (660년). ▶ 신라군과 당나라군이 고구려를 무너뜨림 (668년).

신라가 백제 땅에 있던 당나라군을 공격함. ▶ 신라가 매소성과 기벌포에서 당나라군을 물리침. ▶ 신라가 당나라를 몰아내고 삼국 통일을 완성함(676년).

##  통일 신라의 발전

① 신문왕이 전국을 9주로 나누고, 5소경을 설치함.
② 신문왕이 국학을 세워 유교를 공부한 관리들을 키움.
③ 신문왕이 수도를 지키는 군대인 9서당을 만듦.
④ 원효와 의상이 신라에 불교를 널리 보급함.
⑤ 불국사와 석굴암은 통일 신라를 대표하는 문화재임.

## 발해의 건국과 발전

① 고구려의 장수였던 대조영이 동모산에 발해를 세움.

② 무왕이 당나라를 공격했고, 문왕은 당나라와 친하게 지내며
   발해를 발전시킴.

③ 선왕 때 전성기를 맞이한 발해는 당나라로부터 '해동성국'이라 불림.

④ 발해는 고구려를 계승하면서 당나라, 말갈 문화가 섞여
   독자적인 문화를 가짐.

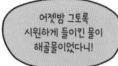

어젯밤 그토록
시원하게 들이킨 물이
해골물이었다니!

## 시험 1분 전!

(1) 을지문덕이 중국 ＿＿＿＿＿＿＿＿를 살수에서 크게 물리침.

(2) 신라는 ＿＿＿＿＿＿＿＿과 기벌포에서 당나라군을 물리치고
   삼국 통일을 이루었음.

(3) 전성기를 맞이한 발해는 선왕 때 당나라로부터 ＿＿＿＿＿＿＿＿이라 불림.

정답: (1) 수나라   (2) 매소성   (3) 해동성국

민족 문화를 발전시킨 고려

# 1. 후삼국의 통일

##  후삼국 시대의 시작

① 신라가 귀족들의 왕위 다툼과 사치로 혼란에 빠짐.
② 나라의 혼란을 틈타 스스로를 '성주' 또는 '장군'이라 부르는 호족이 등장함.
③ 호족 중 견훤은 후백제, 궁예는 후고구려를 각각 세움.
   ⇒ 후백제, 후고구려, 신라가 경쟁하던 시대를 후삼국 시대라고 함.

##  고려의 후삼국 통일

| 고려 건국<br>(918년) | • 왕건이 궁예를 몰아내고 왕이 되어 고려를 세움. |
| --- | --- |
| 고창 전투 승리<br>(930년) | • 고려가 고창 전투에서 후백제에 크게 승리하면서<br>경쟁에서 앞서 나가게 됨. |
| 견훤과 신라의<br>항복 | • 후백제의 견훤과 신라의 경순왕이 고려에 항복함. |
| 후삼국 통일<br>(936년) | • 고려가 후백제를 물리치고 후삼국을 통일함. |

## 태조 왕건의 정책

① 호족의 딸과 혼인하거나 자신의 성씨를 주는 등의 방법으로
   호족을 자기 편으로 끌어들임.

② 고구려를 계승한 나라라 자부해 서경을 개발하고 북쪽으로 영토를 넓힘.

③ 멸망한 발해의 유민을 받아들임.

④ 「훈요 10조」를 남겨 불교를 장려하고, 거란을 멀리하며
   서경을 중요하게 여길 것을 당부함.

 ### 시험 1분 전!

(1) 후백제, 후고구려, 신라가 경쟁하던 시대를 _____라고 함.

(2) 고려가 _____ 전투에서 승리하면서 후백제와의 경쟁에서 앞서나가게 됨.

(3) 왕건은 _____를 남겨 불교를 장려하고, 거란을 멀리하며
   서경을 중요하게 여길 것을 당부함.

정답: (1)후삼국 시대   (2)고창   (3)「훈요 10조」

# 2. 고려의 발전과 활발한 대외 교류

##  제도를 정비한 고려

① 광종: 노비안검법을 시행해 호족의 힘을 약하게 만듦.
　　　 과거제를 시행해 능력 있는 관리를 뽑음.
② 성종: 중앙 정치 제도를 정비하고 지방에 관리를 파견함.

##  거란의 침입과 고려의 반격

| 거란의 1차 침입 (993년) | • 거란의 소손녕이 대군을 이끌고 고려에 쳐들어옴. <br> • 서희의 담판으로 강동 6주를 얻게 됨. |
|---|---|
| 거란의 2차 침입 (1010년) | • 거란이 정변을 구실로 쳐들어옴. <br> • 양규의 계속된 공격으로 거란군이 후퇴함. |
| 거란의 3차 침입 (1018년) | • 거란의 10만 대군이 고려에 쳐들어옴. <br> • 강감찬이 귀주에서 후퇴하는 거란군을 크게 물리침. (귀주 대첩, 1019년). |

# 활발한 대외 교류와 다양한 문화

① 예성강 하구의 항구인 벽란도에서 송나라를 비롯해 여러 나라와 교류함.

② 고려에 온 아라비아 상인들에 의해 '코리아(KOREA)'라는 이름이
세계에 알려짐.

③ 고려는 불교와 유교, 도교, 풍수지리 등 여러 사상이 섞여
독특한 민족 문화를 만듦.

 시험 1분 전!

(1) 고려의 광종은 노비안검법을 시행해 호족들의 힘을 약화시키고,
　　　　　　　　를 시행해 능력 있는 관리를 뽑음.

(2) 거란이 침입하자 서희가 담판을 지어 　　　　　　　　를 획득함.

(3) 고려는 예성강 하구에 위치한 　　　　　　　에서 세계와 교류함.

정답: (1)과거제  (2)강동 6주  (3)벽란도

# 3. 잇따른 반란으로 흔들리는 고려

 **고려와 여진의 갈등**

① 고려 북쪽의 여진족이 국경을 위협함.

② 윤관이 별무반을 이끌고 동북 9성을 개척했지만, 곧 여진족에게 돌려줌.

 **흔들리는 귀족 사회**

① 이자겸의 난(1126년): 외척인 이자겸이 난을 일으켜 왕위를 노림.

② 묘청의 난(1135년)

> 묘청이 서경으로 수도를 옮기자고 주장함.

> 개경 귀족의 반대로 천도가 어려워짐.

> 묘청이 서경에서 반란을 일으킴.

> 김부식에 의해 진압됨.

# 고려의 권력을 차지한 무신

① 무신 정권의 성립
- 무신들이 문신들과의 차별에 불만을 품고 난을 일으킴(무신 정변).
- ⇒ 무신들이 최고 권력자가 되어 나라를 다스림.

② 최씨 정권의 성립
- 최충헌은 문신들을 등용해 통치에 이용함.
- 최충헌이 교정도감과 도방을 통해 권력을 유지함.
- 최충헌 아들 최우는 정방을 두어 나라의 관리를 마음대로 임명함.

③ 농민과 천민의 봉기
- 무신들의 수탈로 백성들이 봉기를 일으킴.
- 망이·망소이의 난(특수 구역에 대한 차별), 만적의 난(천민에 대한 차별)

시험 1분 전!

(1) 고려 북쪽의 여진족이 국경을 위협하자 윤관이 _____을 만들어 여진족을 몰아내고 동북 9성을 쌓음.

(2) 개경 귀족들의 반대로 서경 천도가 어려워지자 _____이 반란을 일으킴.

(3) 무신 정권 시기에 최충헌이 교정도감과 _____을 통해 권력을 유지함.

정답: (1)별무반  (2)묘청  (3)도방

# 4. 몽골과의 전쟁과 고려의 개혁

 몽골군에 맞서 싸운 고려

| 몽골의 1차 침입 | • 몽골이 사신 저고여 살해 사건을 빌미로 쳐들어옴. <br> • 최우가 수도를 강화도로 옮김. |
| --- | --- |
| 거듭된 몽골의 침입과 고려의 저항 | • 김윤후가 처인 부곡과 충주성에서 몽골과 맞서 싸움. <br> • 송문주가 죽주에서 몽골군과 맞서 싸움. <br> • 재조대장경(팔만대장경)을 만들어 몽골군이 돌아가기를 바람. |
| 고려의 항복 | • 최씨 정권이 몰락하자 몽골에 항복하고 개경으로 수도를 옮김. <br> • 삼별초는 몽골에 끝까지 맞서 싸웠으나 진압됨. |

## 원나라의 간섭과 벗어나려는 움직임

| 원 간섭기 | 공민왕의 개혁 |
|---|---|
| • 동녕부(평양), 쌍성총관부(함흥), 탐라총관부(제주도)를 두어 다스림.<br>• 정동행성을 설치해 내정에 간섭함.<br>• 원나라에 매, 공녀 등을 바침.<br>• 몽골풍이 유행함. | • 원나라의 풍습을 금지시키고, 친원파를 제거함.<br>• 내정을 간섭하던 정동행성을 없앰.<br>• 쌍성총관부를 되찾음.<br>• 승려 신돈을 등용해 개혁을 추진. |

 ## 화려한 고려의 문화

① 공예: 고려청자(상감 기법 사용), 나전 칠기, 불화 등
② 인쇄: 『직지심체요절(직지)』(세계에서 가장 오래된 금속 활자본)
③ 건축: 부석사 무량수전 등
④ 의복: 목화의 전국적인 재배(문익점)

(1) 고려 사람들은 몽골군이 돌아가기를 바라며 ＿＿＿＿＿＿＿＿＿＿＿ 을 만듦.

(2) 원나라는 고려에 ＿＿＿＿＿＿＿＿＿ 을 설치해 내정에 간섭함.

(3) 『직지심체요절』은 ＿＿＿＿＿＿＿＿＿ 로 만든 세계에서 가장 오래된 책임.

정답: (1) 재조대장경(팔만대장경)  (2) 정동행성   (3) 금속 활자

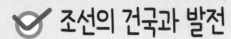 

# 1. 조선의 건국

##  조선의 건국 과정

| 위화도 회군 | • 이성계가 위화도에서 군대를 돌려 우왕과 최영을 몰아내고 권력을 잡음. |
|---|---|
| 토지 개혁 | • 이성계 세력과 손잡은 신진 사대부가 권문세족의 토지를 빼앗고 과전법을 실시함. |
| 신진 사대부의 갈등 | • 정도전, 조준 등은 개혁을 위해 새 나라를 세울 것을 주장함.<br>• 정몽주, 이색 등은 고려를 유지하면서 개혁할 것을 주장함. |
| 조선 건국 | • 이방원이 정몽주를 죽임.<br>• 이성계가 조선을 건국함(1392년). |

##  조선의 수도 한양

① 한반도의 중심에 위치하고 있어 교통이 편리함.
② 북쪽이 산으로 둘러싸여 외적을 막기 좋음.
③ 근처에 넓은 평야가 있음.
④ 한강이 가까이 있어 배를 이용한 조세(세금) 운반에도 유리함.

## 나라의 기틀을 다진 태종

① **사병을 없애고** 왕권을 강화함.

② 전국을 8도로 정비하고 관찰사를 파견함.

③ 인구를 파악하고 **조세를 정확하게 거두기 위해** 호패법을 실시함.

(1) 이성계 세력과 손잡은 신진 사대부는 권문세족의 토지를 빼앗고
<u>_____</u>을 실시함.

(2) 이성계의 아들인 이방원은 고려를 유지하면서 개혁할 것을 주장했던
<u>_____</u>를 죽임.

(3) 태종은 인구를 파악하고 조세를 정확하게 거두기 위해 <u>_____</u>을 실
시함.

정답: (1) 과전법  (2) 정몽주  (3) 호패법

# 2. 세종 대의 문화와 과학

 ## 조선 초기, 주변 나라와의 관계

| | |
|---|---|
| 명나라 | • 사대 관계를 맺음.<br>• 금·은·가죽·면·돗자리 등을 바치고 비단·자기·약재·책 등의 물건을 받음. |
| 일본 | • 세종 때 왜구를 없애기 위해 쓰시마섬을 정벌함.<br>• 일본과 규칙을 정해 교역함. |
| 여진 | • 세종 때 압록강에 4군, 두만강에 6진을 설치함.<br>⇒ 압록강과 두만강을 경계로 하는 국경선이 만들어짐. |

 ## 세종 대의 문화 발전

① 집현전을 설치해 학자들이 학문을 연구할 수 있도록 함.
② 『고려사』를 만들어 고려 시대의 역사를 정리함.
③ 『삼강행실도』, 『세종실록지리지』등 많은 책을 편찬함.

## 세종 대의 과학 기술 발전

① 우리 환경에 맞는 농사 비결을 모아 『농사직설』을 펴냄.
② 간의, 혼천의 등 별자리 측량 도구와 앙부일구, 자격루 등 시계를 개발함.
③ 측우기를 개발해 강수량을 파악함.

 ## 훈민정음의 창제

① 세종이 스물여덟 자로 이루어진 '훈민정음(한글)'을 창제함(1443년).
② 세종이 신하들의 반대에도 훈민정음을 반포함.

 시험 1분 전!

(1) 세종 때 압록강에 4군, 두만강에 _____을 설치함.

(2) 세종은 _____을 설치해 학자들이 학문을 연구할 수 있도록 함.

(3) 세종은 우리말을 제대로 표현할 수 있는 글자인 _____을 창제함.

정답: (1) 6진  (2) 집현전  (3) 훈민정음(한글)

# 3. 조선 전기의 정치와 사회

 ## 조선의 제도 정비

① 단종을 몰아내고 왕위를 차지한 세조가 왕권을 강화함.
② 성종이 언론 기관인 **3사**에 사림을 기용함.
③ 성종 때 조선 최고의 법전인 『경국대전』이 완성됨.

 ## 사림의 성장

① 사림의 위기: 연산군과 중종 때 일어난 사화에서 많은 사림이 희생됨.
② 사림의 성장: 서원을 바탕으로 지방에서 힘을 키운 뒤,
　　　　　　　　중앙 정계에 진출함.
③ 붕당의 결성: 사림이 이조 전랑 관직을 두고 동인과 서인으로 나뉘면서
　　　　　　　　붕당이 만들어짐.

 ## 조선의 유교 문화 확산

① 중앙: 『삼강행실도』, 『이륜행실도』 등을 보급함.
② 지방: 사림이 향약을 만들어 보급. ⇒ 조선에 유교 문화가 확산됨.

## 조선 전기의 사회

| 양반 | • 조선의 지배층<br>• 과거 시험에 합격해 관리 생활을 함. |
|------|------|
| 중인 | • 기술 관리나 지방의 하급 관리<br>• 잡과를 통해 관리가 됨. |
| 상민 | • 농민이나 상인, 수공업자<br>• 국가에 세금을 내고, 토목 공사에 동원됨. |
| 천민 | • 최하층 신분으로 대부분 노비<br>• 관청에 속한 '공노비'와 개인 소유의 '사노비'로 구성 |

사림은 바른 말을 많이 하거라!

예, 잔소리를 아끼지 않겠습니다.

 시험 1분 전!

(1) 성종 때 조선 최고의 법전인 _____이 완성됨.

(2) 사림이 교육 기관인 _____을 바탕으로 지방에서 힘을 기른 뒤
중앙 정계에 진출함.

(3) 중인 중 일부는 _____를 통해 역관이나 기술직 관리가 되기도 했음.

정답: (1) 『경국대전』  (2) 서원  (3) 잡과

# 4. 임진왜란과 병자호란

##  임진왜란

① 배경: 일본의 전국 시대를 통일한 도요토미 히데요시의 침략 야욕
② 발발: 일본군의 부산 상륙(1592년) ⇒ 신립의 패배 후 선조가 의주까지 피란함.
③ 조선의 반격

| 수군 | • 이순신이 이끄는 수군이 한산도 대첩 등에서 일본군에 크게 이김. |
|---|---|
| 의병과 승병 | • 곽재우, 조헌 등 의병과 유정, 휴정 등 승병이 일본군과 맞서 싸움. |
| 관군 | • 권율이 행주산성에서 일본군을 크게 물리침(행주 대첩). |
| 명나라 | • 본국의 피해를 막기 위해 전쟁에 참여함. |

④ 일본이 협상에서 결렬되자 또다시 전쟁을 일으켰으나(정유재란),
　도요토미 히데요시가 죽자 철수함.

##  광해군의 중립 외교

① 명나라가 임진왜란에 참전한 틈을 타 여진이 힘을 키워 후금을 세움.
② 명나라가 조선에 군대를 요청하자 광해군이 명나라와 후금 사이에서
　중립을 지킴.
③ 중립 외교를 반대하고 성리학 질서를 강조한 신하들이 광해군을 쫓아냄
　(인조반정).

## 병자호란

① 조선이 정묘호란 이후에도 명나라와 관계를 맺자 쳐들어옴.

② 인조가 청나라군을 피해 남한산성으로 피란함.

③ 항복을 두고 신하들의 의견이 엇갈림.

④ 인조의 항복으로 조선과 청나라가 신하와 임금 관계를 맺음.

 시험 1분 전!

(1) 임진왜란 시기에는 곽재우, 조헌 등이 _____을 일으켜 일본군과 싸웠음.

(2) 광해군의 중립 외교를 반대하고 성리학 질서를 강조했던 신하들이 _____을 일으킴.

(3) 청나라가 조선에 쳐들어오자 인조가 _____으로 피란했으나 결국 항복함.

정답: (1)의병   (2)인조반정   (3)남한산성

# 1. 전란의 극복과 붕당 정치

##  대동법의 시행

① 배경: 백성들이 방납의 문제로 고통을 받음.
② 과정: 광해군이 경기도부터 대동법을 시행해 특산물 대신 토지 면적에
　　　따라 쌀이나 돈으로 세금을 내게 함.
③ 결과: 토지가 없거나 적은 농민의 세금 부담이 줄어듦.

##  전란의 극복을 위한 노력

① 전주 사고의 실록을 인쇄해 새로운 사고에 나누어 보관함.
② 허준이 만든 의학책 『동의보감』을 백성들에게 보급함.
③ 모내기법이 전국적으로 널리 보급됨.
④ 인삼, 면화, 담배 등 상품 작물이 재배되고, 이를 팔기 위한
　 시장이 발전함.

##  흔들리는 조선의 신분제

① 농민들이 난전, 보부상, 짐꾼, 수공업자, 광산 일꾼 등이 됨.
② 돈을 많이 번 상민들은 공명첩을 발급받아 양반의 신분을 얻음.
③ 중앙 정치에서 밀려난 양반들이 상민과 다름없는 생활을 함.
⇒ 양반을 중심으로 한 조선의 신분제가 흔들림.

# 붕당 정치의 발전

① 전란 극복의 방법을 찾는 과정에서 붕당 정치가 발전함.
② 현종 때 붕당간의 예법 논쟁이 일어남(예송 논쟁).
③ 숙종의 환국 정치로 붕당 간의 싸움이 더욱 격화됨.

 시험 1분 전!

(1) 광해군이 경기도부터 _____을 시행해 특산물 대신 토지 면적에 따라
쌀이나 돈으로 세금을 내게 함.

(2) 조선 후기에는 인삼, 면화, 담배 등 _____이 재배되고
이를 팔기 위한 시장이 발전함.

(3) 현종 때 상복 입는 방법을 둘러싸고 붕당 간의 예법 논쟁인
_____이 발생함.

정답: (1)대동법 (2)상품 작물 (3)예송 논쟁

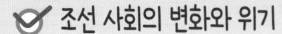 

# 2. 영조와 정조의 개혁 정치와 서민 문화의 발달

##  영조와 정조의 정치

| 영조 | 정조 |
|---|---|
| • 탕평책을 펼침. <br> • 균역법을 실시함. <br> • 가혹한 형벌을 금지시킴. <br> • 청계천 준천 공사를 함. | • 규장각을 통해 인재를 길러 냄. <br> • 초계문신 제도를 운영함. <br> • 수원 화성을 지음. <br> • 금난전권을 없앰. ⇒ 상업이 발달함. |

##  서민 문화의 발달

① 조선 후기에 일반 백성들의 문화인 서민 문화가 발달함.

② 『홍길동전』, 『춘향전』, 『심청전』 등 한글 소설이 유행함.

③ 봉산 탈춤, 하회 탈춤 등 탈놀이가 유행함.

④ 「춘향가」, 「심청가」, 「수궁가」, 「적벽가」, 「흥보가」 등 판소리가 유행함.

 # 실학의 등장

| 농업 중시 학자 | • 유형원: 국가가 모든 토지를 갖고, 신분에 따라 차이를 두어 토지를 나누자고 함.<br>• 이익: 영업전을 나누어 준 뒤, 영업전은 사고팔지 못하게 함.<br>• 정약용: 토지를 공동으로 갖고, 세금을 제외한 생산물을 일한 만큼 나눠 갖자고 함. |
| --- | --- |
| 상공업 중시 학자 (북학파) | • 박지원: 『열하일기』에서 수레와 선박을 사용하자고 주장함.<br>• 박제가: 『북학의』에서 상공업을 발전시켜야 한다고 주장함. |
| 우리 고유의 것을 연구한 학자 | • 유득공: 『발해고』에서 발해가 우리의 역사임을 밝힘.<br>• 김정호: 우리나라 전도인 『대동여지도』를 제작함. |

재물은 자꾸만 써야 다시 생기는 법이지!

재물 우물

## 시험 1분 전!

(1) 정조가 ＿＿＿＿＿＿을 통해 개혁을 이끌 인재들을 길러 냄.

(2) 박지원, 박제가 등 상공업을 중시하고 청나라의 문물을 배우자고 했던 실학자를 ＿＿＿＿＿＿라고 함.

(3) 『대동여지도』는 ＿＿＿＿＿＿가 만든 우리나라 전도임.

정답: (1) 규장각  (2) 북학파  (3) 김정호

# 3. 세도 정치와 외세의 침입

##  세도 정치와 사회의 혼란

① 안동 김씨, 풍양 조씨 등 특정 집안이 나라의 권력을 차지함(세도 정치).
② 전세, 군포, 환곡 등 삼정의 문란으로 백성이 고통을 겪음.
③ 예언 사상이나 서학, 동학 등 새로운 종교와 사상이 유행함.
④ 평안도에서 홍경래의 난, 진주에서 임술 농민 봉기 등이 일어남.

##  흥선 대원군의 개혁

① 고종의 아버지인 흥선 대원군이 권력을 잡음.
② 세도 가문을 몰아내고 비변사를 해체함.
③ 붕당의 정치 근거지인 서원을 정리함.
④ 사창제와 호포제를 실시해 세금 제도를 개혁함.
⑤ 경복궁을 다시 지음. → 당백전 발행과 공사 강제 동원으로 불만이 커짐.

##  서양 세력의 침입

| 병인양요<br>(1866년) | • 프랑스가 천주교 박해를 구실로 강화도에 쳐들어옴.<br>• 한성근이 문수산성에서, 양헌수가 정족산성에서 프랑스군을 물리침. |
| --- | --- |
| 신미양요<br>(1871년) | • 미국이 제너럴셔먼호 사건(1866년)을 빌미로 강화도에 쳐들어옴.<br>• 어재연의 활약으로 미군이 철수함. |
| 척화비 건립 | • 흥선 대원군이 전국에 척화비를 세워 서양과 교류하지 않겠다고 함. |

 시험 1분 전!

(1) 정조가 죽은 뒤 안동 김씨, 풍양 조씨 등 특정 집안이 권력을 차지한 _____가 시작됨.

(2) 흥선 대원군은 _____을 다시 짓기 위해 당백전을 발행하고 백성들을 공사에 동원하였음.

(3) 흥선 대원군은 병인양요와 신미양요를 겪은 후 전국에 _____를 세워 서양과 교류하지 않을 것임을 밝힘.

정답: (1) 세도 정치  (2) 경복궁  (3) 척화비

# 4. 근대 국가를 건설하려는 노력

###  강화도 조약의 체결

① 운요호 사건을 계기로 '조일 수호 조규(강화도 조약)'를 체결함(1876년).
② 강화도 조약의 내용
- 부산, 인천, 원산 등 3개의 항구를 개항함.
- 조선의 해안을 자유롭게 측량 가능
- 치외 법권 규정

###  개화를 둘러싼 갈등

① 통리기무아문을 설치하고 개화 정책을 시행함.
② 서양식 군대인 별기군을 만듦.
③ 구식 군대에 대한 차별 대우로 임오군란이 일어남(1882년).

###  갑신정변(1884년)

① 급진 개화파가 우정총국 개국 축하연에서 갑신정변을 일으켰으나 실패함.
② 근대 국가를 세우기 위한 정변이었다는 점에 의의가 있지만,
　백성의 지지를 얻지 못했고 일본에 의지했다는 점에서 한계를 가짐.

## 동학 농민 운동

① 고부에서 전봉준 등 동학 농민군이 봉기를 일으킴.

② 농민군이 전주성을 점령함.

③ 청나라와 일본이 군대를 파견하자 동학 농민군이 정부에 폐정 개혁안을 제시함. → 정부가 실천을 약속하자 해산함.

④ 일본이 경복궁을 점령하자 동학 농민군이 다시 일어났으나 우금치에서 대패함.

⇒ 근대 국가로 나아가기 위한 방향을 제시했고 후에 동학 농민군이 항일 투쟁에 앞장섰다는 점에서 의의를 가짐.

 시험 1분 전!

(1) 조선은 운요호 사건을 계기로 일본과 〰〰〰〰〰〰〰〰를(을) 체결함.

(2) 일본의 지원을 받은 급진 개화파가 우정총국 개국 축하연에서 〰〰〰〰〰〰〰을 일으킴.

(3) 고부 군수 조병갑의 수탈에 반발해 전봉준 등이 동학교도들을 중심으로 〰〰〰〰〰〰〰을 일으킴.

정답: (1)조일 수호 조규(강화도 조약) (2)갑신정변 (3)동학 농민 운동

# 1. 나라를 지키기 위한 노력

##  갑오개혁과 을미사변

| 갑오개혁 (1894년) | • 일본이 김홍집을 앞세워 친일 내각을 구성함.<br>• 과거제, 신분제 폐지 및 국왕의 권한을 제한하는 등의 개혁안 발표. |
|---|---|
| 삼국 간섭 | • 청일 전쟁에서 승리한 일본이 중국 랴오둥반도를 차지함.<br>• 프랑스, 독일, 러시아의 압박으로 랴오둥반도를 청나라에 다시 돌려줌. |
| 을미사변 (1895년) | • 일본이 명성 황후를 시해한 뒤, 조선의 정치에 간섭함.<br>• 이후 양력을 쓰고 단발령을 실시함. |
| 아관 파천 | • 고종이 러시아 공사관으로 피신함. |

##  독립 협회와 대한 제국의 수립

| 독립 협회 | • 서재필이 『독립신문』을 창간한 뒤 독립 협회를 만듦.<br>• 청나라 사신을 맞이하던 영은문을 헐고 독립문을 세움.<br>• 만민 공동회를 열어 백성 누구나 사회 문제를 이야기할 수 있게 함. |
|---|---|

| 대한 제국 | • 나라 이름을 '대한 제국'으로 바꾸고, '황제'로 즉위함.<br>• 구본신참의 원칙으로 개혁을 추진함.<br>• '광무'연호를 사용하고 '대한국 국제'를 반포함. |
| --- | --- |

##  일제의 국권 침탈

① 일본이 을사늑약을 강제로 체결함. → 외교권 박탈, 통감부 설치
② 고종이 헤이그 만국 평화 회의에 특사를 보냄.
  → 고종 강제 퇴위, 군대 해산
③ 국권을 되찾기 위한 의병 항쟁과
  애국 계몽 운동이 벌어짐.
④ 안중근이 한국 침략에 앞장선
  이토 히로부미를 죽임(1909년).

이제부터 조선은 황제의 국가다!

 시험 1분 전!

(1) 일본이 _____을 일으켜
  왕비를 시해하고 조선의 정치에 간섭함.

(2) 서재필이 만든 _____는 만민 공동회를 열어 백성들이 누구나
  나랏일을 이야기할 수 있게 함.

(3) 일본은 러일 전쟁에서 승리한 후 _____을 체결해 대한 제국의
  외교권을 박탈함.

정답: (1)을미사변    (2)독립 협회    (3)을사늑약

# 2. 3·1 운동과 대한민국 임시 정부 수립

###  일제의 무단 통치

① 일제가 한일 병합 조약(1910년)을 맺은 후 조선 총독부를 설치함.
② 헌병 경찰을 통해 한국인을 통제하고 감시함.
③ 토지 조사 사업 실시로 토지를 빼앗긴 많은 농민이 국외로 떠남.

###  1910년대 국내외 민족 운동

① 신민회: 안창호, 양기탁 등이 세운 비밀 조직 ⇒ '105인 사건'으로 해체.
② 대한 광복회: 무장 투쟁을 통해 국민이 주권을 갖는 나라를 세우려고 함.
③ 신흥 강습소(신흥 무관 학교): 이회영이 만주에 설립, 독립군을 키워 냄.

###  3·1 운동(1919년)

① 배경: 윌슨의 민족 자결주의, 도쿄 유학생의 2·8 독립 선언, 고종 독살설 등
② 경과: 탑골 공원에서 독립 선언서 낭독을 시작으로 전국 각지와
　　　　해외에서 만세 운동이 일어남.

# 대한민국 임시 정부 수립(1919년)

| 배경 | • 3·1 운동 이후 독립운동을 이끌어 갈 정부의 필요성 제기 |
|---|---|
| 임시 정부 수립 및 통합 | • 국내: 13도 대표가 중심이 되어 한성 정부를 만듦.<br>• 상하이: 외교 활동 주력 독립운동가가 상하이 임시 정부를 만듦.<br>• 연해주: 러시아 혁명의 영향을 받은 한인이 대한 국민 의회를 만듦.<br>→ 세 정부가 통합해 상하이에 민주 공화제인 대한민국 임시 정부를 수립함. |
| 활동 | • 연통제 조직, 교통국 설치<br>• 독립 공채 발행,『독립신문』발행 |

(1) 안창호, 양기탁 등이 세운 비밀 단체인 _____는 105인 사건으로 해체됨.

(2) 윌슨의 민족 자결 주의, 2·8 독립 선언 등이 배경이 되어 전국적인 만세 운동인 _____이 일어남.

(3) 중국 상하이에 독립운동을 이끌어갈 통합 정부로 _____가 세워짐.

정답: (1)신민회    (2)3·1 운동    (3)대한민국 임시 정부

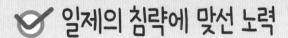 

# 3. 식민 통치의 변화와 독립운동의 전개

##  일제의 문화 통치

① 일제가 **3·1 운동** 이후 '**문화 통치**'를 실시해 보통 경찰제를 실시하고, 언론·출판·집회의 자유를 일부 허용함.

② 실상은 독립운동 감시와 탄압이 강화되었으며, 친일파 양성으로 민족 분열을 하려고 함.

③ 산미 증식 계획을 실시해 늘어난 생산량보다 더 많은 쌀을 일본으로 가져감.

##  실력 양성 운동

① 물산 장려 운동(1920년): 조만식이 평양에 조선 물산 장려회를 만들어 전파.

② 민립 대학 설립 운동: 우리 대학을 세우자는 운동 → 실패

## 1920년대 독립운동의 전개

| 국내 독립운동 | 국외 무장 독립 투쟁 |
|---|---|
| • 6·10 만세 운동(1926년): 순종의 장례 행렬에 만세 운동이 일어남. <br> • 신간회 설립(1927년): 6·10 만세 운동을 계기로 사회주의자와 민족주의자가 힘을 합쳐 만듦. <br> • 광주 학생 항일 운동(1929년): 3·1 운동 이후 최대 규모 시위, 신간회가 참여함. | • 봉오동 전투(1920년): 홍범도가 봉오동에서 일본군을 크게 물리침. <br> • 청산리 대첩(1920년): 독립군 연합 부대(김좌진, 홍범도)가 만주에서 일본군을 물리침. |

 ## 의열단과 한인 애국단

① 의열단: 김원봉이 조직, 김익상 등의 의거
② 한인 애국단: 김구가 조직, 이봉창·윤봉길의 의거

 *시험 1분 전!*

(1) 일제는 3·1 운동 이후 _____를 실시하고 친일파를 양성해 우리 민족을 분열시키려 함.

(2) 6·10 만세 운동을 계기로 민족주의 세력과 사회주의 세력이 결합해 _____를 설립함.

(3) 김구는 _____을 조직해 이봉창, 윤봉길 등의 의거를 계획함.

정답: (1)문화 통치   (2)신간회   (3)한인 애국단

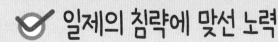 

# 4. 민족 말살 정책과 일제의 패망

##  일제의 민족 말살 정책

| | |
|---|---|
| 배경 | • 대공황으로 인한 일본 경제의 파탄을 전쟁으로 극복하려 함.<br>• 중일 전쟁(1937년), 태평양 전쟁(1941년)을 일으킴.<br>• 한국인을 전쟁에 동원함. |
| 정책 | • 민족 말살 통치: 신사 참배 강요, 황국 신민 서사 암송,<br> 창씨개명 강요<br>• 인적·물적 수탈: 국가 총동원법(1938년), 학도병 제도,<br> 징병제 실시, 일본군 '위안부' 등 |

##  1930~1940년대 무장 독립 투쟁

① 북만주에서 지청천의 한국 독립군이, 남만주에서 양세봉의 조선 혁명군이 일본군을 물리침.

② 김원봉이 조직한 조선 의용대가 중국 국민당의 지원을 받음.

③ 대한민국 임시 정부가 정식 군대인 한국광복군을 창설한 뒤, 일본에 선전포고함.

## 건국 준비 활동

① 대한민국 임시 정부: '대한민국 건국 강령'을 만들어 국가 건설 기본 방향 설명
② 건국 동맹(1944년): 여운형이 대표가 되어 민중 운동 전개
③ 동북 항일 연군: 소련과 함께 국내로 진격하려는 계획을 세움.

 ## 일제의 패망

① 카이로 회담(1943년): 영국, 미국, 중국의
지도자가 모여 전쟁 이후 문제 협의
② 미군이 히로시마와 나가사키에
원자 폭탄을 떨어뜨림.
→ 일제가 항복을 선언함(1945. 8. 15.).

 ### 시험 1분 전!

(1) 일제는 한국인에게 신사 참배와 창씨개명을 강요하고 ～～～～～～～
를 암송하게 하는 민족 말살 통치를 시행함.

(2) 대한민국 임시 정부는 정식 군대인 ～～～～～～～～～을 창설함.

(3) 여운형이 대표가 되어 조직한 ～～～～～～～은 민중 운동을
전개하고 독립 운동을 지원함.

정답: (1)황국 신민 서사    (2)한국광복군    (3)건국 동맹

# 1. 8·15 광복과 대한민국 정부 수립

###  8·15 광복과 38도선의 설정

① 8·15 광복 이후 여운형을 중심으로 조선 건국 준비 위원회를 조직함.
② 한반도를 점령한 미국과 소련이 북위 38도선을 기준으로 남북한을 나눔.
③ 미군이 조선 건국 준비 위원회의 활동과 대한민국 임시 정부를
　 인정하지 않음.

###  신탁 통치를 둘러싼 대립

① 모스크바 3국 외상 회의에서 한반도에 임시 민주주의 정부를 세우고
　 연합국이 신탁 통치할 것을 결정함.
② 좌익과 우익이 신탁 통치를 둘러싸고 갈등을 빚음.
③ 미소 공동 위원회가 중단 되자 김규식, 여운형이 '좌우 합작 위원회'를
　 만들어 다시 열려고 함. → 여운형의 죽음으로 실패

###  남한 총선거 결정과 분단을 막으려는 노력

① 2차 미소 공동 위원회의 결렬로 한국 문제가 국제 연합(UN)으로 넘어감.
② 남북한 총선거가 결정됨.
③ 소련의 저지로 남한만의 총선거를 하기로 결정
④ 김구와 김규식이 통일 정부 수립을 위해 남북 협상을 가짐. → 실패

# 대한민국 정부의 수립과 분단

| 남한 | 북한 |
|------|------|
| • 국회 의원 총선거 실시(1948. 5. 10.).<br>• 제헌 국회에서 나라 이름을 '대한민국' 으로 정하고, 대통령으로 이승만을 뽑음.<br>• 대한민국 정부 수립 공포(1948. 8. 15.). | • 조선 민주주의 인민 공화국을 세움(1948. 9. 9.).<br>• 국제 연합은 북한 정부를 인정하지 않음. |

## 시험 1분 전!

(1) ～～～～～～～～～～～～～～～～에서 연합국에 의한 5년간의 신탁 통치가 결정됨.

(2) 2차 미소 공동위원회의 결렬로 한국 문제가 ～～～～～～～～으로 넘어감.

(3) 제헌 국회는 나라 이름을 '대한민국'으로 정하고 대통령으로 ～～～～ 을 뽑음.

정답: (1)모스크바 3국 외상 회의    (2)국제 연합(UN)    (3)이승만

# 2. 민족의 상처, 6·25 전쟁

##  6·25 전쟁의 발발과 전개

| 북한군의 남침<br>(1950. 6. 25.) | • 북한군이 쳐들어오자 이승만 정부가 피란함.<br>• 미국이 국제 연합군을 보내 남한을 돕기로 결정함.<br>• 국군이 북한군에게 경상남도 인근까지 밀림. |
|---|---|
| 인천 상륙 작전 | • 맥아더의 인천 상륙 작전의 성공으로 서울을 되찾음.<br>• 이후 서울을 되찾고, 압록강까지 치고 올라감. |
| 중국군의 참전 | • 중국군이 전쟁에 참여함.<br>• 서울을 다시 빼앗기면서 대규모 피란이 이루어짐(1·4후퇴). |
| 정전 협상<br>(1951. 7.~1953. 7.) | • 휴전선 위치, 포로 처리 문제 등을 두고<br>  정전 협상을 벌임.<br>• 남과 북의 군대가 점령한 지역을 기준으로<br>  휴전선을 그음. |

# 6·25 전쟁의 결과

① 건물이 파괴되고 전쟁에 나간 사람이 죽거나 다침.
② 전쟁 중에 가족을 잃은 이산가족이 발생함.
③ 부산, 속초, 인천 등지에 피란민들이 모여 피란민 마을이 형성됨.
④ 남과 북의 냉전이 계속되면서 민족 간의 적대감이 강해짐.

이제는 우리끼리 살아야 해!

전쟁으로 부모님을 잃었어.

흑 흑

 시험 1분 전!

(1) 국군과 국제 연합군은 맥아더의 ＿＿＿＿＿＿＿＿＿＿＿＿으로 서울을 되찾고 압록강까지 진격함.

(2) 중국군이 전쟁에 참여하자 대규모 피란인 ＿＿＿＿＿＿＿가 이루어짐.

(3) 6·25 전쟁으로 가족을 잃은 ＿＿＿＿＿＿＿이 발생함.

정답: (1)인천 상륙 작전  (2)1·4 후퇴  (3)이산가족

# 3. 민주주의의 시련과 극복

##  이승만과 4·19 혁명

① 이승만의 3·15 부정 선거에 분노한 국민들이 시위를 벌임.

② 시위에 참여했던 김주열이 시신으로 발견되자 시위가 전국으로 퍼짐.

③ 1960년 4월 19일, 10만 명이 넘는 시민들이 시위를 벌임(4·19 혁명).

④ 이승만이 대통령에서 물러남.

##  박정희와 유신 체제

① 1961년 5월 16일, 박정희가 정변을 일으켜 권력을 차지함.

② 1972년 유신 헌법을 만들어 권력을 독차지함.

③ 부산과 마산에서 유신 체제에 반대하는 시위가 일어남(부마 항쟁).

　→ 박정희의 죽음으로 유신 독재가 끝이 남.

##  박정희 정부의 경제 정책

① 경제 개발 5개년 계획을 실시해 가발, 신발 등 경공업 제품을 수출함.

② 일본과 한일 협정을 맺어 경제 개발에 필요한 자금을 얻음.

③ 베트남 전쟁에 군대를 파병하거나 독일에 광부, 간호사를 보내
　외화를 벌어들임.

# 신군부의 독재 정치와 민주화 운동

① 전두환과 노태우 등 '신군부'가 권력을 차지함.

② 광주에서 신군부에 반대하는 시위를 벌였으나 진압 당함
   (5·18 민주화 운동).

③ 직선제 개헌 운동 시위가 전국으로 확대됨.

   → 6·29 민주화 선언으로 직선제로 헌법이 개정됨(6월 민주 항쟁).

 시험 1분 전!

(1) 3·15 부정 선거로 ＿＿＿＿＿＿＿＿＿이 일어나 이승만이
   대통령에서 물러남.

(2) 박정희는 1972년 ＿＿＿＿＿＿＿＿＿을 발표해 권력을 독차지함.

(3) 광주에서 신군부에 반대하는 시위인
   ＿＿＿＿＿＿＿＿＿이 일어났으나 진압됨.

정답: (1)4·19 혁명   (2)유신 헌법   (3)5·18 민주화 운동

# 4. 남북의 평화와 대한민국의 발전

 **민주주의의 발전과 경제 성장**

① 김영삼 정부 때 지방 자치제가 실시됨.
② 1997년 외환 위기를 겪었으나 극복함.
③ 대규모 국제대회(1988년 서울 올림픽, 2002년 한일 월드컵 축구 대회,
2018년 평창 동계 올림픽)를 개최함.

 **남북 평화를 위한 노력**

| 노태우 정부 | • 남북 유엔 동시 가입(1991년) |
| --- | --- |
| 김대중 정부 | • 햇볕 정책을 실시해 북한에 경제적인 지원을 함.<br>• 금강산 관광 사업을 함.<br>• 남북 정상 회담을 개최함(6·15 공동 성명). |
| 노무현 정부 | • 제2차 남북 정상 회담 개최 |
| 문재인 정부 | • 판문점에서 남북 정상 회담을 개최함(판문점 선언). |

## 성숙한 시민 사회

① 촛불 집회, SNS, 시민 단체 활동으로 정치와 사회 문제에 목소리를 냄.

② 호주제 폐지: 가족 구성원이 법적으로 성별에 관계없이 평등해 짐.

③ 장애인 차별 금지법 제정.

 시험 1분 전!

(1) 대한민국은 1997년에 ＿＿＿＿＿＿＿를 겪었으나 곧바로 극복하고 빠르게 발전함.

(2) 김대중 정부는 ＿＿＿＿＿＿＿을 실시해 북한에 경제적인 지원을 함.

(3) 2005년에는 ＿＿＿＿＿＿＿가 폐지되어 가족 구성원이 성별에 관계없이 평등해 짐.

정답: (1)외환 위기    (2)햇볕 정책   (3)호주제

# 시험에 꼭! 나오는 주요 사건 연표

| 연도 | 주요 사건 |
|---|---|

**-300만 년**

70만 년 전    구석기 시대가 시작되다

**-2000년**

기원전 2333년    고조선이 세워지다(『삼국유사』)

기원전 108년    고조선이 한나라의 공격으로 멸망하다

**-100년**

기원전 57년    박혁거세가 신라를 건국하다

기원전 37년    주몽이 고구려를 건국하다

기원전 18년    온조가 백제를 건국하다

**1년**

371년    근초고왕이 평양성을 공격하고 고국원왕을 죽이다

**400년**

427년    장수왕이 수도를 평양으로 옮기다

433년    신라와 백제가 나제 동맹을 맺다

**500년**

553년    진흥왕이 한강 하류 지역을 백제로부터 빼앗다

**600년**

612년    을지문덕이 살수에서 수나라 군대를 크게 물리치다(살수 대첩)

660년    백제가 멸망하다

668년    고구려가 멸망하다

676년    신라가 당나라를 물리치고 삼국 통일을 완성하다

698년    대조영이 발해를 건국하다

| 연도 | 주요 사건 |
|---|---|
| 900년 | 견훤이 후백제를 세우다 |
| 901년 | 궁예가 후고구려를 세우다 |
| 918년 | 왕건이 고려를 세우다 |
| 936년 | 고려가 후삼국을 통일하다 |
| 993년 | 서희가 거란의 소손녕과 담판을 지어 강동 6주를 얻어내다 |
| 1019년 | 강감찬이 귀주에서 거란군을 크게 물리치다(귀주 대첩) |
| 1170년 | 무신 정변이 일어나다 |
| 1232년 | 몽골이 쳐들어오자 수도를 강화도로 옮기다 |
| 1236년 | 팔만대장경을 제작하다(~1251년) |
| 1392년 | 이성계가 조선을 건국하다 |
| 1443년 | 세종이 훈민정음을 창제하다 |
| 1485년 | 『경국대전』이 완성되다 |
| 1592년 | 임진왜란이 일어나다 |
| 1623년 | 광해군이 쫓겨나고 인조가 왕위에 오르다(인조반정) |
| 1636년 | 병자호란이 일어나다 |
| 1742년 | 영조가 탕평비를 건립하다 |
| 1796년 | 수원 화성이 완공되다 |

900년
1000년
1100년
1200년
1300년
1400년
1500년
1600년
1700년

# 시험에 꼭! 나오는 주요 사건 연표

| 연도 | 주요 사건 |
|---|---|

**1860년**

| 1862년 | 전국에서 농민 봉기가 일어나다(임술 농민 봉기) |
| 1863년 | 고종이 즉위하고 흥선 대원군이 권력을 잡다 |
| 1866년 | 프랑스 군대가 강화도에 쳐들어오다(병인양요) |

**1870년**

| 1871년 | 미국 군대가 강화도에 쳐들어오다(신미양요) |
| 1876년 | 일본과 강화도 조약을 맺다 |

**1880년**

| 1882년 | 구식 군대 군인들이 반란을 일으키다(임오군란) |
| 1884년 | 급진 개화파가 갑신정변을 일으키다 |

**1890년**

| 1894년 | 전봉준을 중심으로 동학 농민 운동이 일어나다 |
| 1895년 | 일본의 자객들이 명성 황후를 시해하다(을미사변) |
| 1896년 | 고종이 러시아 공사관으로 피신하다(아관 파천) |
| 1897년 | 고종이 '대한 제국'을 선포하다 |

**1900년**

| 1905년 | 일제가 대한 제국의 외교권을 강제로 빼앗다(을사늑약) |
| 1907년 | 고종이 헤이그 특사를 파견하다 |
| 1909년 | 안중근이 이토 히로부미를 저격하다 |

**1910년**

| 1910년 | 대한 제국이 국권을 일제에 빼앗기다 |
| 1919년 | 조선의 독립을 요구하는 3·1 운동이 일어나다 |
| 1919년 | 대한민국 임시 정부를 세우다 |

| 연도 | 주요 사건 |
|---|---|
| 1932년 | 한인 애국단의 윤봉길이 상하이 훙커우 공원에서 폭탄을 던지다 |
| 1940년 | 대한민국 임시 정부가 한국광복군을 조직하다 |
| 1945년 | 일제로부터 광복하다(8·15 광복) |
| 1948년 | 남한에서 총선거가 실시되다(5·10 총선거) |
| 1948년 | 대한민국 정부가 수립되다 |
| 1950년 | 6·25 전쟁이 일어나다 |
| 1960년 | 전국에서 이승만의 독재를 비판하는 시위가 일어나다(4·19혁명) |
| 1961년 | 박정희가 이끄는 군인들이 군사 정변을 일으키다 |
| 1972년 | 유신 체제가 시작되다 |
| 1980년 | 광주에서 민주화 운동이 일어나다 (5·18 민주화 운동) |
| 1987년 | 직선제 개헌을 요구하는 6월 민주 항쟁이 일어나다 |
| 1991년 | 남북이 유엔에 동시 가입하다 |
| 2000년 | 남북 정상 회담이 개최되다 |

1930년

1940년

1950년

1960년

1970년

1980년

1990년

2000년